2008 - ~~May~~ April Cruise

MW01705151

Editorial Everest le agradece la confianza depositada en nosotros al adquirir este libro, elaborado por un amplio y completo equipo de publicaciones formado por fotógrafos, ilustradores y autores especializados en turismo, junto a nuestro moderno departamento de cartografía. Everest le garantiza la total actualización de los datos contenidos en la presente obra hasta el momento de su publicación, y le invita a comunicarnos toda información que ayude a la mejora de nuestras guías, porque nuestro objetivo es ofrecerle siempre un TURISMO CON CALIDAD.

TURISMO CON CALIDAD EVEREST

Puede enviarnos sus comentarios a:
Editorial Everest. Dpto. de Turismo
Apartado 339 – 24080 León (España)
e-mail: turismo@everest.es

Dirección editorial: Raquel López Varela

Coordinación editorial: Eva María Fernández

Texto: Graciliano Martín Fumero

Fotografías: Oliviero Daidola, Paolo Tiengo
y Archivo Everest

Diagramación: Mercedes Fernández

Diseño de cubierta: Alfredo Anievas

Tratamiento digital de imagen: David Aller

Cartografía: Montserrat Gual
© Everest

SEGUNDA EDICIÓN
© EDITORIAL EVEREST, S. A.
Carretera León-La Coruña, km 5 – LEÓN
ISBN: 84-241-0216-9
Depósito legal: LE. 1.157-2003
Printed in Spain – Impreso en España

EDITORIAL EVERGRÁFICAS, S. L.
Carretera León-La Coruña, km 5
LEÓN (España)

TENERIFE

TENERIFE

Engarzada al Atlántico, como gema al metal, la isla se yergue en la inmensidad del océano.
Achinech, Nivaria, Echeide, Tener-Ife... diversidad de apelativos para enunciarla y donde cada uno de ellos es capítulo de historia hasta su actual etimología: Tenerife.
El adelantado don Alonso Fernández de Lugo y sus huestes la someten a la corona de Castilla el 25 de julio de 1496, siendo la mayor de las que configuran el archipiélago macaronésico de las Canarias.
Con una superficie de 2.036 km^2 y una población de hecho de 646.361 habitantes, nuestra isla (leyenda, balada, oda) abriga en su torso a treinta y un municipios y al pico más alto de España: el Teide.
Su variedad climática la hace atractiva y su desigual orografía un paraíso mágico, enigmático, orlado de misterio. Diversidad de endemismo floral y animal anida en su seno.

Carnaval de Santa Cruz.

Emporios turísticos erguidos al norte y al sur de su geografía para ocio del foráneo y siempre presente la hospitalidad y el buen trato de sus gentes.
Es rica en acervo artístico, histórico, musical..., en bagaje folclórico y gastronómico: conjuga lo autóctono con las aportaciones de otros confines.
Tenerife es mezcla de cosmopolitismo y autenticidad: embrujo de silencio y sueño, de pensamiento plácido en el ancho pecho del orbe.
Al nordeste insular, en la península de Anaga: bravía, abrupta, abierta; a los pies de su cordillera Dorsal, en la vertiente sur, se erige su capital insular: la Muy Leal, Noble, Invicta y Benéfica Ciudad, Puerto y Plaza de **Santa Cruz de Santiago de Tenerife.** Su cotidianeidad contrasta con la visita de turistas que vienen a admirar lo que esta ciudad, a los quinientos años de su fundación, puede ofrecer a sus retinas. Santa Cruz de Santiago de Tenerife, algo inquieta ante tan importante efeméride, se apresura al atavío festero. Con una extensión municipal de 136 km^2 y una población de 202.237 habitantes, el emporio capitalino se extiende rectangular hacia el sur para acoger nuevos barrios. Cerca del mar, protagonista de inspiración de artistas, el puerto: añejo, cicatrizado por multitud de aconteceres, pero siempre presto a la visita y al intercambio. Alrededores nobles como la plaza de España con su *monumento a los Caídos por la Patria.* Infinidad de calles llegan a esta zona de expansión, salpicadas de multitud de comercios y de edificios oficiales: el palacio del Cabildo Insular, Correos y Telégrafos, etc.
Y por estas calles de festón pétreo antiguo, que sucumbieron al yugo del asfalto, se avistan monumentos de carácter religioso, artístico, económico y otros tales como la iglesia de Nuestra Señora de la Concepción, de finales del siglo XV, el antiguo hospital Insular o Civil, de estilo neoclásico, hoy convertido en museo, la delegación de Hacienda y, pronto, el palacio de la Presidencia. Todos junto a la arboleda alineada que cubre la avenida de Bravo Murillo.
Por otro ángulo de la ciudad añorada, emigrante, placentera, otra avenida: muralla, fuerte, testigo de batallas de otrora, como la derrota sufrida por el almirante británico Nelson en las costas de *Añaza,* hoy Anaga, que alza en su costado un fortín que es vigía perenne de un océano de mil

Varios ejemplos de la gastronomía de la isla.

Vista del puerto de Santa Cruz.

Castillo de Almeida con el puerto al fondo.

sorpresas: el cuartel de Almeida. Y por esta vía litoral se suceden otros edificios, barrios y empresas, para llegar al pago marinero de San Andrés, que acuna, entre acantilados, la playa de las Teresitas, teñida de áureo su arena. En ella, un dique que sujeta al mar altanero, que ahorca su vitalidad, su virilidad eterna de otros tiempos. Barcas, pescadores y un mundo racional que busca su momento de asueto.

En la doble página siguiente, vista general de Santa Cruz.

Vista de Taganana.

Más al norte, entre vías recoletas y serpenteantes, que se vuelven mirador en algunos tramos, se observan los pies del macizo: roquedal, acantilado y cala. Y por estos vericuetos, un pueblo: portal de sencillez, ajeno al perenne ajetreo capitalino; erosión de la montaña en sus deformes arterias: **Taganana,** que guarda celosamente un templo bajo la advocación de Nuestra Señora de Las Nieves, en cuyo interior se conserva un tríptico flamenco del segundo tercio del siglo XVI. Retomamos el camino de regreso para atesorar nuevas identidades, para parar, por un instante, en la primera ciudad isleña: **San Cristóbal de la Laguna.** Del difunto vate Pedro García Cabrera tomo estos versos para plasmar el sentimiento que despierta la ciudad universitaria, de los adelantados, a todo aquel que llega a ella para descansar los pies, y dicen: «Concédeme el honor de apadrinarte / ciudad por cuyas calles ha latido / el ruiseñor de sangre de mis venas; / ciudad que te levantas con el rostro / vuelto a la libertad del horizonte». Ciudad noble, culta, añeja, de señero porte, por donde el silencio anda encorvado, a tientas, a merced de la caridad del sol. Torre de La Concepción en salvaguarda de su iglesia del mismo nombre, plateresca, vigía fiel de multitud de bregas... Y, más abajo, la Catedral, baluarte y cofre, confesionario...; museo de gran valor arquitectónico, escultural y pictórico.

Torre de la Catedral de la Laguna. ➧

Roques de Taganana.

LA LAGUNA

Aguere... la musa, capital primera, descansa en La Vega donde los días, en corro y teñidos de niebla, juegan al aquelarre.
Fundada en 1496, fue sede del primer Cabildo, de donde partieron todas las disposiciones y donde desarrollaban su actividad todos los órganos de la administración central.

Con una extensión de 102,05 km^2 y 112.917 habitantes, la Ciudad de los Adelantados se abre al trasiego cultural, al paso apresurado, donde las palabras se cristalizan y se caen de cualquier conversación, quedando ajenas, inmóviles en los senos de los adoquines mutilados de tanto tránsito.
La Laguna, Patrimonio de la Humanidad, sede episcopal, aristócrata; tapiz su casco urbano del tipismo colonial de su primera época. Pero San Cristóbal, también, universitaria, gracias a la orden agustina, desde el año 1744. En 1817 se erige el primer edificio docente y recibe el nombre de San Fernando. En 1927 adquiere el rango de distrito universitario.
Su campus: era de alegrías y de desconsuelos, de conspiraciones, de secretos amores, abrazo de culturas.
La Laguna romera por el estío, ruta de encuentros folclóricos; encrucijada cosmopolita, tertuliana, procesional...
San Cristóbal de La Laguna se proyecta también a las tierras de lenguas afines, allende los mares.

Iglesia parroquial de San Pedro de El Sauzal.

Tacoronte, tierra de tipismos, festera, de advocaciones y de devociones. Ciudad que abriga templos: Santa Catalina, del Cristo de los Dolores; o que se disfraza momentáneamente en su *Piñata Chica;* o la que hurta al dios Baco sus vinos para ofrecerlos en la afamada Alhóndiga; o, por último, vistiendo de fe sus calles en el Corpus Christi. En descenso por la carretera general de Tacoronte, curvilínea hasta la costa abrupta, otro municipio: **El Sauzal.** Después de la conquista, el adelantado Alonso Fernández reparte las tierras y las aguas insulares entre sus huestes, consiguiendo la prosperidad agrícola de la vertiente cerealista de la isla. Este municipio es afortunado en manantiales y, por supuesto, en tierras aptas para el cultivo. Para agradecer esa fortuna, Alonso Fernández de Lugo ordenó erigir una ermita a la Virgen de Los Ángeles. Su relevancia histórica data de finales del siglo XVI, por ser durante algún tiempo centro administrativo y político de la isla, asolada por la llamada «peste de

Museo Etnológico de la Casa de Carta, en Tacoronte.

Vistas del complejo Lago Martiánez, en Puerto de la Cruz.

Londres». Pero el Sauzal fue también un importante asentamiento aborigen, en el barranco de Cabrera. El Sauzal, jardín multifloral, llama al recogimiento en la iglesia de San Pedro, que data del siglo XVI y que atesora riquezas como la imagen del Niño Jesús, del siglo XVII, o un tabernáculo de plata. El Sauzal, en constante trasiego marinero en su costa.

Yendo hacia el Puerto de la Cruz, una entidad, como lunar adherido a la piel de esta ínsula: **La Matanza de Acentejo.** Ocupa esta medianía norteña 14,11 km^2, dando calor a una población de 6.172 habitantes. Su geografía se enclava en una importante comarca vitivinícola. Afamados caldos calentando cantares e ilusiones.

La Matanza de Acentejo, lugar histórico de luctuosas vicisitudes de las que recibe su nombre. En su costado hendido se libró importante batalla obteniendo la victoria los guanches, que diezmaron a las tropas del Adelantado, en el año 1494, convirtiendo el barranco de San Antonio en campo de batalla y camposanto. Sede romera en honor a San Antonio Abad, navideña, donde la tradición es el *Baile del Niño* en el excelso templo parroquial de El Salvador, al son del ancestral *tajaraste*. Aún en Acentejo, otro de sus municipios, «guernica» de bregas el 25 de diciembre de 1495: **La Victoria de Acentejo,** de los conquistadores en revancha contra los guanches: folclórica, gastronómica, artesanal... Villa señera que se proyecta en el mar. Y junto al mar: **Puerto de la Cruz,** antiguo puerto de La Orotava. Emporio turístico y cosmopolita, asueto del foráneo. «Loro Parque», Lago de Martiánez, castillo de San Felipe, Jardín Botánico, que alberga multitud de endemismos florales de todo el orbe, fundado en el año de 1788 bajo el reinado de Carlos III y organizado por don Alonso de Nava y Grimón, marqués de Villanueva del Prado. Ciudad histórica que se emancipa de la villa de La Orotava por real cédula el 28 de noviembre de 1648, bajo el gobierno del rey Felipe IV, siendo su primer alcalde don Antonio de Franchy y Fonte del Castillo.

Puerto de la Cruz festero por san Juan en el trasiego de animales a un mar sanador; de San Andrés en la «jura de la pipa»; de Santa Lucía, del Carmen...

En la doble página siguiente, el Loro-Parque, en Puerto de la Cruz.

emancipación jurisdiccional respecto a La Laguna, en el año 1648.
La Orotava conserva calles en las que se alzan construcciones de gran valor, fechadas en los siglos XVII y XVIII, tales como la Casa de los Balcones, la de la familia Medina, de Monteverde, de Lercaro...
Iglesia de La Concepción, declarada Monumento Nacional, que data de la segunda mitad del siglo XVIII, construida por los arquitectos Diego Nicolás y Ventura Rodríguez, con fachada de estilo barroco y

◂ **Jardines del Taoro, en La Orotava.**

En el corazón de la Isla, donde se asienta el volcán, entre alcores y valle se extiende **La Orotava,** otra entidad de *Nivaria.*
Taoro, esmeraldino espacio tapizando nobles lares; tierra de *Bentenuhya,* del hijo adoptivo Humboldt, tierra que custodia al Parque Nacional del Teide.
Villa de La Orotava, reliquia histórica, cuyas casas del casco datan de los comienzos de la colonización, al concluir la conquista. Inmuebles regios pertenecientes a las huestes del Adelantado y denominadas «Doce Casas». Su florecimiento agrícola y próspera economía la llevan a la

elementos rococós. Entre las obras de arte sacro que guarda podemos citar sus tres retablos, un *San Pedro de Estévez, La Dolorosa* y *San Juan Evangelista* de Luján Pérez; frescos de Cristóbal Hernández de Quintana, de Gaspar de Quevedo...
La Orotava, pespunte en un valle enigmático que aglutina diversidad de costumbres, de tradiciones, que se unen a identidades de otros horizontes, con nuevas culturas formando un arco iris de esperanza.
Territorio, llano y altura, huerto plural de agricultura diversa. Es fronda, bosque en sus cumbres, de laurisilva,

Panorámica del casco antiguo de La Orotava.

▲ Fiestas en La Orotava.

Exterior de la Casa de los Balcones. ▼

de pinares, de retamares y codesos, aromando las brumas que bajan con el hatillo a cuestas hasta la urbe.

La Orotava es Aguamansa, Benijos, La Florida, Pinoleris, barranco de La Madre o de Pedro Gil, es la Caldera, el Rincón, el Bollullo.

La Orotava y la «Bananera» en transformación constante del plátano en licores, mermeladas... La Orotava y sus molinos de agua, verdaderas obras de arte transportando el líquido elemento por doquiera, satisfaciendo necesidades, haciendo realidad ilusiones.

Villa artesana y festera. Artesanos del calado, del bordado, del macramé, de la vara, de la madera, del cuero... Romera en San Isidro y de Santa María de la Cabeza, ataviándose el pueblo de tradiciones y donde nace la vestimenta más representativa de las islas, que hace juego con el folclore tradicional.

La Orotava y los jardines del monasterio de Santa Clara, denominados «Hijuelas del Botánico», donde se contemplan especies vegetales de tres continentes: cedros, dragos y palmeras que crecen junto a bambúes, sambucos, caneys y cafetos; daturas y helechos en amores platónicos con las flores de las hortensias, lantanas y glicinias; nenúfares, papiros, araucarias, magnolias... un auténtico pulmón vegetal que aroma y oxigena buena parte de este valle sumido en mil recuerdos.

Centro de Celebración del Corpus Christi, alfombrando calles con arte, mezclando tierras coloreadas con cañas y pétalos de flores para obtener estampas religiosas.

Parque Nacional del Teide.

La Orotava y su **Parque Nacional del Teide,** por decreto del 22 de enero de 1954, antaño, lugar de pastoreo aborigen. Por los caminos de Aguamansa entramos en el exótico paraíso de Las Cañadas, misterioso e impresionante. Ocupa un área de 135 km^2, comenzando a partir de una altitud de 2.000 m. El Parque está constituido por una sucesión de paredes casi verticales y conos, denominados *circos,* de donde sobresale el pico Teide, en el centro, con sus 3.718 m. En él, un refugio y un teleférico. Alcores que abrigan leyendas paranormales, quizás el de Guajara o el cráter de Montaña Blanca o el Llano Ucanca... Y debido a superposiciones de coladas, en estratos, éstas presentan tonalidades diversas y crean un paraje multicolor denominado Los Azulejos. Tierras de silencio perenne que albergan vegetación endémica: retama, codeso, cedros, hierba pajonera, alhelí, violeta del Teide, tajinaste... estallido cromático que reluce y sobresale del gris-ocre de la tierra a la que está casada.
Las Cañadas y su Parador Nacional de Turismo para aquellos que descansan después de un caminar absorto. Las Cañadas: camposanto, sueño grato, despreocupado.
Y desde su omnipotencia, la bruma baja para hacerse mar de espuma, para tapizar la montaña añeja y vestirla de gala, para velar su cuerpo virginal tantas veces violado por el pensamiento.

◆ Alfombras florales frente al Ayuntamiento, en la fiesta del Corpus. La Orotava.

EL TEIDE

El Teide se enclava en el municipio de La Orotava, y tiene una altitud de 3.718 m. Según los geólogos, su génesis data de hace 600.000 años sin haber concluido aún su formación, ya que en el año 1798 se produjo una erupción y porque se divisan fumarolas, síntomas ambos que corroboran dichas tesis.
Se ubica en el interior de Las Cañadas y en disposición central. Según palabras de Leoncio Alfonso: «Se trata del conjunto más llamativo y espectacular de la isla, pues se eleva a 1.700 m desde la base y está formado por un doble volcán». Se cree que el doble cono, llamado *Pico Viejo,* se originó hace unos 2.000 años.

Emergido de una fortaleza rocosa, también avistamos valles y llanos que dan al entorno un aire enigmático.
El clima del Parque Nacional del Teide es el propio de la alta montaña subtropical. Al estar situado por encima de la zona de inversión del alisio, posee mayor temperatura y sequedad. Referente a su vegetación, su superficie se halla salpicada de abundantes endemismos, tomando como ejemplo a la retama.

El Pico del Teide, dios de antepasados que invocaban buenos augurios, está en disposición de servir como tarima a los pensamientos más excelsos.
Y dentro del cantón de Taoro, otro municipio: **Los Realejos.** De orografía diversa y cicatrizada por barrancos... La Rambla y Hondo, por donde ecos antagónicos correteaban al son del agua o del silbo del aire. Alcores que van muriendo en altozanos hasta declinar en el

Tres vistas del Parque Nacional.

El Roque Chinchado; al fondo el Teide. ➧

océano. Montes cubiertos de pinos al socaire de atardeceres pródigos en melodías silvestres.
Al final, la costa: abrupta, trenzando suspiros con auroras para varar recuerdos en las madrugadas del estío. Emporios turísticos diseminados por su faz: La Romántica, Rambla de Castro... Pero Los Realejos tampoco está ajeno a la historia de la isla porque en sus tierras se asentaron las tropas del Adelantado antes de librar batalla con los todavía insurrectos guanches que quedaban por la zona.
Los Realejos... cementerio del mencey guanche Bentor, quien se despeñara por las cumbres de Tigaiga. Ilustre gracias a un universal historiador y erudito: José Viera y Clavijo.
Los Realejos, santuario de fe, de tipismo, patrimonial... Hacienda de los príncipes, propiedad del adelantado Alonso Fernández de Lugo. Los Realejos inserto en un valle próspero que acumula leyendas.

Parador Nacional de Turismo de Las Cañadas del Teide. ➧

Parque Nacional de Las Cañadas del Teide.

Icod de los Vinos y drago milenario.

ICOD DE LOS VINOS

Tierras de Bentenuhya que nos conducen por derroteros pródigos de nuevas frondas... La Guancha, San Juan de la Rambla para adentrarnos en otro pago: Icod de los Vinos.
Icod o *Benico den de Chincanairo,* de pronunciadas pendientes y llanos, de hendiduras que tatúan su torso, de costa accidentada y pronunciados acantilados, de caleta que sirve de puerto y playa: San Marcos, donde el asueto ha ido forjando y fraguando la lava en sintonía con el mar, arcón de mil vicisitudes.
Arena negra que trenza en la espuma bufandas de historia para que sirvan al aire de cálido abrigo.
Icod y su drago cansado del tiempo y de tanto episodio mundano, tal vez epopeya de anónimos en la plaza de Lorenzo Cáceres.
Benico den festero, devoto, ancestral donde el aire en la noche baila al son del *tajaraste.*
Y del Icod de Emeterio Gutiérrez Albelo al cantón de Daute o comarca de Teno donde el municipio se yergue sobre un rellano en forma de concha: Garachico.
Caleta de Interián, de familias genovesas al concluir la conquista: Cristóbal de Ponte, Mateo Viña, Agustín y Pantaleón Italiano, Pedro de Interián, Fabián Viña Negrón...
Recuerdo del anterior Garachico que yace bajo las lavas provocadas

Torre de la Iglesia de San Marcos, en Icod.

por la erupción de Montañas Negras, en 1706.

Villa y Puerto de gran riqueza arquitectónica: castillo de San Miguel, del siglo XVI, donde su interés artístico se basaba en su propia utilidad... fortificación con paredes muy gruesas, torreones en las esquinas, campanario de alarma, saeteras y almenas en la coronación de los muros, escudo heráldico en la puerta principal, etc., restaurado en la actualidad y apto para Sala de Exposiciones. Iglesia de Santa Ana, convento de las Concepcionistas, de Santo Domingo, de San Francisco, iglesia de San Pedro de Daute, del siglo XV, palacio de los Condes de La Gomera, del siglo XVII, con portada barroca, casas de Lamero de Ponte... Garachico y su antigua Puerta de Piedra, de pretéritos trasiegos, hoy, parque y Rincón de los Poetas... Enhebramos entornos e hilamos en el telar de los pensamientos todo aquello que captan nuestras retinas.

Aún en Daute, en el municipio de **Buenavista del Norte** por el mar, por esta parcela de océano que vara junto a roquedales ingentes, altivos acantilados por donde se suicidan los silencios o por donde embarcan nuevas esperanzas.

Y el barranco ahoga sus lamentos en la mar, se limpia con la espuma y esconde su historia en lo más hondo de su hendidura. Y desde el litoral donde muere, tierra adentro, llegamos a un típico caserío, atracción turística: Masca.

Masca, paraje incomparable para quien desee pasar unas horas en contacto con la naturaleza y admirando a la vez la primitiva arquitectura tradicional, que se conserva con gran pureza. Anidan sus caseríos en pequeños altozanos que miran con orgullo la vertiginosa oquedad de los barrancos. La brisa mece las ramas de los naranjos y de los almendros en el lento desfile de los días; los azahares despuntan en las pendientes; el silente palmeral es fiel vigía. Masca, etnográfica y artesana, prendida en un tiempo que abriga leyendas. De Masca a Las Portelas, emporio artesanal de la cestería de mimbre.

Castillo de San Miguel, en Garachico. ➧

Panorámica de Masca.

Playa de La Arena, en Puerto Santiago.

BUENAVISTA

Y de los caseríos de Buenavista a su urbe, después de dejar atrás platanales, plantíos de papas... Calles anchas y rectas que sostienen casas de albeo blanco, suspendiendo balconadas de estilo isleño.
Buenavista del Norte y sus monumentos: iglesia de la Virgen de los Remedios, con elementos de la arquitectura del siglo XVI, que guarda celosamente en su interior la imagen titular, que data del mismo siglo; otra de San Francisco, de Alonso Cano, y un San José. Orfebrería canaria y americana son también parte de su legado.
Buenavista se vuelve festiva en octubre en honor a su Patrona, a la cual se le atribuye un milagro contra la plaga de langosta, en 1659. Imagen procesional, que porta en su trono orquídeas de oro y plata traídas de la *octava isla,* de Venezuela, por los emigrantes de este lar. A esta efemérides popular también se le conoce como «Fiesta de la Cigarra».
Parte de la Isla Baja es Buenavista del Norte, labriega, artesana, aglutinando sentires convertibles en progreso y cavando en su mar los misterios de su encanto para no sucumbir en la desidia ni en avatares desatinados.
Buenavista del Norte del mencey Caconamio, *tagoror* predilecto de Achaxucanac.
Recorremos el sur de *Echeide,* topándonos con un valle y un llano, próximo a Ucanca: **Santiago del Teide.** Pago que ha sentido la caricia de la lava, es también risco y acantilado, monte que acuna, que pace en el devenir de los días.
Custodian este entorno las cumbres de Abeque, prominentes vigías de eras de silencio.
Santiago del Teide es Arguayo, Los Gigantes, Puerto Santiago con su playa de La Arena. Es historia donde don Fernando del Hoyo fue señor de esta villa, permitiendo construir una iglesia que se convertiría luego en parroquia por real decreto del 10 de mayo de 1678, bajo la advocación de Santiago, tomando el nombre de San Fernando Rey.

Embarcaciones deportivas en Los Gigantes. ➧

Tierras de sed tapizadas de vides, tagasastes... haciendo sonreír su aspecto umbrío. Tierras costradas de lava, coraza noble de sus identidades concretas.
Santiago del Teide litoral de deidades en Puerto Santiago o Los Gigantes con sus vertiginosos acantilados. Trasegar de lenguas y de culturas por sus torsos para un abrazo con lo autóctono. Fortines turísticos por donde la razón retoza o simplemente descansa en el pecho de la arena negra, dejando bullir el pensamiento. Y es esta mar de lontananza, marinera, por donde las barcas de pesca y las embarcaciones deportivas recorren su camino de espumas.
De esta mar océana, tierra adentro, hacia un altozano donde se alza un barrio singular, balcón por donde los recuerdos aguardan nuevas esperanzas. En este rellano vive **Tamaimo,** con su mirador de Lara, y donde el trabajo no tiene horarios en su diversidad de actividades.

Abajo y en la doble página siguiente, diferentes vistas de Los Gigantes.

Barranco del Infierno.

SANTIAGO DEL TEIDE

Monte umbrío, divorciado del tiempo, sopesando la arboleda que muere en la quietud de los días. Monte silente, cementerio de historia, por donde la vida ha hilado innumerables episodios. Cumbres de Abeque, de Bolicos; montañas de Gala y de Bilma que expiran en malpaíses sedientos por tanta desidia, por derrotas en batallas con el volcán Chinyero.

Monte adúltero con la bruma, en perenne amor a cualquier hora.
Alcor que se vuelve valle para refugiar la vida.
Monte o cumbre en deseo constante por el busto de *Nivaria,* en monólogo con el Teide para disipar la tristeza de siglos, por añorar el sentimiento aborigen que residió en Arguayo.
Monte que prolonga sus pies al mar, a ese océano donde el salitre le calza a diario para cuando inicie su partida.
Monte de Santiago del Teide que se vuelve fortaleza y que refugia el sentir auténtico de almas que se afanan en el progreso.
Y continuando por la comarca de Isora, proseguimos a otro de sus municipios: **Adeje.**
La fuerte erosión sufrida en su superficie nos muestra un relieve variopinto, del que son ejemplos los roques de El Conde, de Imoque y Abinque o el Barranco del Infierno, de gran interés paisajístico, o, divisando su costa, con grandes acantilados y playas que acogen a un turismo en expansión tales como: Las Américas, Callao Salvaje o Playa Paraíso.
De estas tierras, antaño cubiertas de tomateras y platanales que sucumbieron al progreso, hoy surgen diversidad de urbanizaciones para un turismo cosmopolita.

Arriba, El Médano; abajo, Callao Salvaje.

Alfarería típica de Arguayo.

CANARIAN SURF
SURFWEAR
SURF WEAR
Flashpoint
Canarian Surf Fruit
SURF SHOP

Arriba y en la página de al lado, diferentes vistas de la Playa de Las Américas.

Y por su litoral se siguen sucediendo más identidades, como **Torviscas,** microciudad que abriga numerosas culturas procedentes, en su mayoría, de la vieja Europa. Por el clima, por el cosmopolitismo que se respira, muchos son los foráneos que han abandonado su país para arribar en estos parajes, eminentemente turísticos, y conjugar sus costumbres con las nuevas que adoptan del entorno.

En los mismos, todas las comodidades al alcance sin tener que desplazarse a otros lares, para disfrutar del confort que el mismo ofrece. La arquitectura, que se complementa con el paisaje, han sido atractivo para cautivar a los inquietos forasteros, a los incansables viajeros en busca de una paz tangible.

Y de Torviscas a **Playa de Las Américas,** urbe que disfrutan Adeje y Arona. Costa por donde un día, Tinerfe *el Grande,* rey de los menceyes, decidiera muchos de sus propósitos para el buen fin de su isla.

◀ El Aqua-Park.

Arrecifes, diques, murallones para un mar en calma donde los suspiros bucean.
Las Américas cuenta también con un refugio deportivo náutico: **Puerto Colón,** donde alineadas embarcaciones se convierten en recreo constante para avistar un mar abierto que guarde celosamente los secretos, las confesiones o, sencillamente, los sentimientos.
Las calles de estos asentamientos turísticos se abren rectilíneas. Poseen grandes paseos cara al mar por donde se brindan infinidad de establecimientos. Se asoman, por muchos rincones, plazas o amplios espacios que acogen esculturas de estilo modernista en alegoría a alguna gesta, personaje o a la expresión que evoca el lugar.
Costas de arena negra o dorada donde el mar descansa su cabeza para que la brisa, en ocasiones, alise su cabello ausente.
Litoral de *Atguaxona* o de *Atbitocazpe,* resurgir de intenciones, de voluntades que auguraron buenas venturas.

En la doble página anterior, panorámica nocturna de la Playa de Las Américas.

Diversidad de calas para disfrute de los bañistas. Un sinfín de edificios y de casas en armonía con instalaciones de recreo para el turista. Y lo exótico se dibuja en la flora que oxigena estos parajes de idiomas concretos.

En esta página y en la página de al lado, diferentes imágenes de Puerto Colón.

BLUE MARLIN
DIKE
2050 SL
CROSSBOW

Del litoral de Adeje nos vamos a los altos del cantón de Abona, de la comarca de Chasna, entramos en el municipio de **Arona.**
Arona y su roque de Vento, montaña Chijafe, de Higara, Chineja... promontorios silentes, repletos de soledades.
Arcón agrícola en el Valle de San Lorenzo, donde las plataneras, las tomateras... conviven con cardones, balos o tabaiberas.
Arona pretérita... al elevar el obispo Tavira, en 1796, la categoría de parroquia a la iglesia de San Antonio Abad, construida en la primera mitad del siglo XVII, la cual atesora obras de gran valor como el *Cristo de La Salud* y una Inmaculada, ambas del siglo XVIII.
Arona también costa, ofertando complejos como Los Cristianos, Costa del Silencio, Las Galletas, Ten Bel, Palm-mar... donde un mar abierto arrebola olas para reunir a *windsurfistas* en su epidermis azulada.
Arona y su puerto marítimo de **Los Cristianos,** artesanal y viajero por donde se va apurado, presuroso a la isla colombina de La Gomera, trasiego de inmigración en busca de mejores dichas.
Tierras del sur, hartas de sed y de silencios, con la compañía siempre grata del viento que en muchos atardeceres baja cantando tras del trasiego que realiza en las cumbres.
Tierras cuyos caminos encallecidos nos detienen en una ciudad que se erige en un valle y por donde, antes de llegar a ella, divisamos entidades tales como El Escobonal, en la comarca de Agache, Lomo de Mena, La Medida o Chacona de Arriba, haciendo un alto en el mirador de don Martín para admirar el paisaje que reposa en el raso insular.
Descendiendo, llegamos a la urbe, a la ciudad de **Güímar** que nace, según las crónicas, en la segunda mitad del siglo XVI, en el mentado barrio de San Juan, junto a la ermita del mismo

En esta página, vista de la zona de Arona. En la página de al lado, el Valle de San Lorenzo.

Costa del Silencio.

Playa de Los Cristianos.

Puerto marinero de Los Cristianos.

5ª TE-1829

En la doble página anterior, panorámica de Vilaflor.

Romería de La Candelaria. ➧

◂ Vista de Granadilla.

nombre. Próximos, los nacientes de El Río y el barranco de Badajoz. Por encima, en un altozano, otro municipio; **Arafo,** cuyas cumbres están cubiertas de pinares que descienden por las laderas y los barrancos. A la entrada del pueblo un pino, altivo, aguerrido, desafiante, que se erige como guardián de una capilla que atesora un Cristo comunmente llamado «El Señor del Pino». El Aserradero como génesis poblacional de este municipio, territorio agrícola y de pastizales, localizados éstos en Chivisaya y Afoña, perennes vigías de las laderas del Gorgo.

Candelaria es el último municipio perteneciente a la comarca de Güímar, ocupando una superficie de 49,52 km^2. De accidentada orografía, la urbe se localiza en la costa acantilada. El caserío surge al abrigo de la Virgen, proclamada Patrona de Canarias. La imagen primitiva se pierde debido a

Nuestra Señora de La Candelaria.

Basílica de La Candelaria
y una de las estatuas de los
Menceyes Guanches.

Candelaria.
Iglesia.

un aluvión en el año 1826, que también derribó el castillo y el convento de los dominicos.
Se dice que en el barrio de Santa Ana, que se yergue sobre un acantilado y en torno al templo que le da nombre, fue donde tuvo su origen esta villa. Muchas de las casas que agrupa son de arquitectura tradicional.
Plaza de la Basílica custodiada por menceyes guanches; barrio de La Hoya o de El Pozo, playa de El Chinchorro, de tradición pesquera. Candelaria turística en su ciudad y en el litoral, en Las Caletillas. Candelaria, atesorando riquezas patrimoniales. Villa comercial, industrial, ansiosa de mil perspectivas en aras de mejores progresos, asentada en una comarca que yace en un valle de aventuras, con aires cosmopolitas y en busca de nuevas metas para no fenecer.

Futuro y pasado. Arriba, observatorio astrofísico; abajo, momias guanches en el Museo de Santa Cruz.

Arquitectura típica de Tenerife.